NOUVEL ALPHABET FRANÇAIS,

DIVISÉ PAR SYLLABES.

NOUVELLE ÉDITION.

A MEAUX,

CHEZ J.-L. CHANSON, IMPRIM.-LIBRAIRE,
RUE SAINT-NICOLAS, N° 50.

1832.

ENFANS, imitez JÉSUS-CHRIST,
il fut obéissant jusqu'à la mort.

❦ A B C D E F G
H I J K L M N O
P Q R S T U V
X Y Z - Æ OE W.

❦ a b c d e f g h
i j k l m n o p q
r s t u v x y z, etc.
æ œ. w ç -. : ! ? , ;
1 2 3 4 5 6 7 8 9 0

abcdefghijklm
nopqrstuvxyz, etc.

Aa Bb Cc Dd Ee Ff Gg
Hh Ii Jj Kk Ll Mm Nn
Oo Pp Qq Rr Ss Tt Uu Vv
Xx Yy Zz. - p d b q l h o y z
a m g n s c i r f x v e t s u z
p b d p e c k d p q d p b q.
à è ì ò ù. - é â ê î ô û. - ë ï ü.

*Aa Bb Cc Dd Ee Éé Èè
Ff Gg Hh Ii Jj Kk Ll Mm
Nn Oo Pp Qq Rr Ss Tt Uu
Vv Xx Yy Zz. Æ OE C W
fi ffi fl ffl ff æ œ ç w, etc.*

a	é	ê	e	i	o	u
ba	bé	bê	be	bi	bo	bu
ca	cé	cê	ce	ci	co	cu
da	dé	dê	de	di	do	du
fa	fé	fê	fe	fi	fo	fu
ga	gé	gê	ge	gi	go	gu
ha	hé	hê	he	hi	ho	hu
ja	jé	jê	je	ji	jo	ju
la	lé	lê	le	li	lo	lu
ma	mé	mê	me	mi	mo	mu
na	né	nê	ne	ni	no	nu
pa	pé	pê	pe	pi	po	pu
qua	qué	quê	que	qui	quo	quu
ra	ré	rê	re	ri	ro	ru
sa	sé	sê	se	si	so	su
ta	té	tê	te	ti	to	tu

va	vé	vê	ve	vi	vo	vu
xa	xé	xê	xe	xi	xo	xu
za	zé	zê	ze	zi	zo	zu
bla	blé	blê	ble	bli	blo	blu
bra	bré	brê	bre	bri	bro	bru
chra	chré	chrê	chre	chri	chro	chru
cla	clé	clê	cle	cli	clo	clu
cra	cré	crê	cre	cri	cro	cru
dra	dré	drê	dre	dri	dro	dru
fra	fré	frê	fre	fri	fro	fru
gla	glé	glê	gle	gli	glo	glu
gna	gné	gnê	gne	gni	gno	gnu
gra	gré	grê	gre	gri	gro	gru
gua	gué	guê	gue	gui	guo	guu
pla	plé	plê	ple	pli	plo	plu
pra	pré	prê	pre	pri	pro	pru

pha phé phê phe phi pho phu
sla slé slê sle sli slo slu
spa spé spê spe spi spo spu
sta sté stê ste sti sto stu
tla tlé tlê tle tli tlo tlu
tra tré trê tre tri tro tru
tha thé thê the thi tho thu
vra vré vrê vre vri vro vru
ai ei oi au eu ou am an ol.

Ab, ac, ad, af, ag, al, am, an, ap, ar, at, ax, az, eb, ib, ob, ub, uc, ud, uf, ug, ul, um, un, uo, up, ur, us, ut, ux, uz,

Nous devons toujours craindre l'œil d'un Dieu qui voit tout, et qui connoît tout.

L'Oraison Dominicale.

No tre, Pè re, qui, êtes, dans, les, Cieux; que, votre, nom, soit, sanc ti- fi é; que, vo tre, rè gne, ar rive ; que, votre, vo lonté, soit, faite, en, la, terre, comme, au, Ciel; donnez-nous, aujourd'hui, notre, pain, quotidien, et, nous, pardonnez, nos, offenses, comme, nous, les, pardon nons, à, ceux, qui, nous, ont, offensés; et, ne, nous, laissez, point, suc comber, à, la, tentation; mais, délivrez-nous, du, mal. Ainsi, soit-il.

La Salutation Angélique.

Je, vous, salue, Marie, pleine, de, grâce; le, Seigneur, est, avec, vous; vous, êtes, bénie, entre, toutes, les, femmes, et, Jésus, le, fruit, de, vos, entrailles, est, béni.

Sainte, Marie, Mère, de, Dieu, priez, pour, nous, pauvres, pécheurs, maintenant, et, à, l'heu-

re, de, notre mort.
Ainsi, soit-il.

Le Symbole des Apôtres.

Je, crois, en, Dieu, le, Père, tout-puissant, Créateur, du, Ciel, et, de, la, terre; et, en, Jésus-Christ, son, Fils, unique, notre, Seigneur, qui, a, été, conçu, du, Saint-Esprit, né, de, la, Vierge, Marie; qui, a, souffert, sous, Ponce-Pilate, a, été, crucifié, est, mort, et, a, été, en se ve li; est, des cen du, aux, en fers, le, troi siè me, jour; est, res sus ci té, des, morts, est, mon té, aux, Cieux, est, as sis, à, la, droi te, de, Di eu, le, pè re, tout-puis sant; d'où, il, vien dra, ju ger, les, vi vans, et, les, morts.

Je, crois, au, Saint-Es prit; la, sain te, Egli se, Ca tho li- que, la, com mu ni on, des, Saints, la, ré mis sion, des, pé- chés, la, ré sur rec ti on, de, la, chair, la, vie, é ter nel le.

Ain si, soit-il.

Prière avant le Repas.

Que la main de Jésus-Christ nous bénisse, nous, et la nourriture que nous devons prendre. Au nom du Père, et du Fils, et du Saint-Esprit.

Ainsi soit-il.

Après le Repas.

Nous vous rendons grâce de tous vos bienfaits, ô Dieu, roi tout-puissant, qui vivez et régnez aux siècles des siècles.

Ainsi soit-il. FIN.

TABLE DE MULTIPLICATION.

fois		font		fois		font		fois		font
2 —	2 —	4		4 —	4 —	16		6 —	8 —	48
2 —	3 —	6		4 —	5 —	20		6 —	9 —	54
2 —	4 —	8		4 —	6 —	24		6 —	10 —	60
2 —	5 —	10		4 —	7 —	28		**fois**		**font**
2 —	6 —	12		4 —	8 —	32		7 —	7 —	49
2 —	7 —	14		4 —	9 —	36		7 —	8 —	56
2 —	8 —	16		4 —	10 —	40		7 —	9 —	63
2 —	9 —	18		**fois**		**font**		7 —	10 —	70
2 —	10 —	20		5 —	5 —	25		**fois**		**font**
fois		**font**		5 —	6 —	30		8 —	8 —	64
3 —	3 —	9		5 —	7 —	35		8 —	9 —	72
3 —	4 —	12		5 —	8 —	40		8 —	10 —	80
3 —	5 —	15		5 —	9 —	45		**fois**		**font**
3 —	6 —	18		5 —	10 —	50		9 —	9 —	81
3 —	7 —	21		**fois**		**font**		9 —	10 —	90
3 —	8 —	24		6 —	6 —	36		**fois**		**font**
3 —	9 —	27		6 —	7 —	42		10 —	10 —	100
3 —	10 —	30								

Meaux.—Imprimerie de J.-L. Chanson.

www.ingramcontent.com/pod-product-compliance
Lightning Source LLC
Chambersburg PA
CBHW061626040426
42450CB00010B/2681